Heinrich Dickerhoff

ICH SEHE DICH IN TAUSEND BILDERN

Eine kleine Marienkunde

echter

Bildquellen:
S. 17: Gemäldegalerie Staatl. Museen Preußischer Kulturbesitz,
      Berlin; Foto: Jörg P. Anders
S. 23 u. 37: Zodiaque
S. 47: Rheinisches Bildarchiv, Köln
S. 51: Bildarchiv Foto Marburg
S. 55: Foto Zwicker
S. 63: Hirmer Fotoarchiv, München
S. 65: Josef Truckenmüller

CIP-Titelaufnahme der Deutschen Bibliothek

Dickerhoff, Heinrich:
Ich sehe dich in tausend Bildern : e. kleine Marienkunde /
Heinrich Dickerhoff. – Würzburg : Echter, 1988
  ISBN 3-429-01127-2

Mitglied der Verlagsgruppe »engagement«

© 1988 Echter Verlag Würzburg
Umschlaggestaltung: Ernst Loew unter Verwendung eines Fotos von
Norbert Braun (Ton-Madonna, um 1400, in der Wallfahrtskirche
Schmerlenbach im Spessart)
Gesamtherstellung: Echter Würzburg
Fränkische Gesellschaftsdruckerei und Verlag GmbH
ISBN 3-429-01127-2

Inhalt

Zum Einstieg 7

Maria – ein Kirchenbild 11
  Biblische »Rollen« 12
  Wie Gott zur Welt kommt 13
  Auf der Seite der Menschen 21
  »Wer ist meine Mutter?« 28
  Ein Bild des Himmels auf Erden 33
  Maria als Abbild und Vorbild der Kirche . 41

Maria – ein Lebensbild 43
  Lebensbilder 43
  Leben im Schatten des Kreuzes 45
  Die Mutter des Lebens 50
  Die Pieta 54

Maria – ein Gottesbild 57
  Gottesbilder 57
  Ein Experiment 59
  Das Jüngste Gericht 60
  Die Schutzmantelmadonna 64
  Der Herrgott und die Mutter der
  Barmherzigkeit 66
  Wie eine Muter ihren Sohn tröstet,
  so tröste ich euch (Jes 66, 13) 70

»Ich sehe dich in tausend Bildern« 75

Zum Einstieg

In der Welt meiner Kindheit nahm Maria keinen unbedeutenden Platz ein. Ihr Bild – eine schlichte, unbemalte Tonfigur der Mutter mit dem Kind – stand in der schönsten Ecke unseres Wohnzimmers, auf einer altmodischen Eckbank vor dunkel vertäfelter Wand. Ob wir uns oft dort zum Gebet versammelten, vermag ich nicht mehr zu sagen, in Erinnerung sind mir nur noch die Gewitternächte, wenn nichts uns Kindern so die Angst nahm wie die unbeirrbare Monotonie des Rosenkranzes, der mir zu anderen Zeiten recht langweilig erschien, in der aufgewühlten Gewitterwelt aber eine beruhigende Beschwörung verläßlicher Ordnung war. Nur zweimal im Jahr verließ unsere Maria ihren angestammten Platz: In den Weihnachtstagen räumte sie das Feld für Hirten, Könige und Engel, die in den schreiend bunten Farben einer Papierkrippe die Heilige Familie umtanzten. Und im Mai zog sie aus, nahm Platz in einer überdachten Nische des Balkons; mit Blumen geschmückt begrüßte und verkörperte sie die Frühlingssonne.
Wir wurden älter, ernster und »aufgeklärter«, wir Kinder, die Eltern, die Kirche. Konziliare Aufbruchstimmung und der erste Fernsehapparat im Haus veränderten die Lebensgewohnheiten. Die Papierkrippe wurde ersetzt durch eine schlichte und weit geschmackvollere Dreiergruppe, so daß meine Phantasie und Begeisterung sich jetzt nur

noch am Gabentisch entzünden konnte und nicht mehr an der Wunderwelt des Stalls. Auch die Zeit der Maialtäre war vorbei; der Frühling kam nun einfach, ohne Namen und Gesicht. Schließlich verschwand, im Rahmen der Modernisierung des Lebens, zusammen mit Eckbank und Holzvertäfelung auch unsere Maria. Zuerst ging sie ins Exil im Elternschlafzimmer, stand auf dem Kleiderschrank, rückte immer weiter an die Wand und aus dem Gesichtsfeld. Irgendwann später muß jemand sie dann dort heruntergenommen, sorgfältig in eine Decke eingeschlagen und unters Bett geschoben haben – dort fanden wie sie später beim Umzug meiner Eltern wieder.

Dazwischen lagen viele Jahre. Meine Haare wurden lang und länger und, als meine Eltern das und damit meinen Kopf schließlich akzeptierten, wieder kurz. Ich weigerte mich, meiner Eltern wegen in die Kirche zu gehen, und als sie dies schließlich schweren Herzens hinnahmen, ging ich wieder mit, meinetwegen allerdings. Ich begann, Theologie zu studieren, mit kritischer, doch wachsender Begeisterung. Maria war freilich kein Thema, sie war nicht eingeschrieben an der theologischen Fakultät, und ich vermißte sie nicht. Ich machte meine Examen, bekam eine Stelle in der Erwachsenenbildung und damit die Chance, für, von und mit Menschen sehr unterschiedlichen Alters, unterschiedlicher Herkunft und Weltanschauung zu lernen, was Glauben und Leben miteinander zu tun haben. Und ich lernte vor allem, nicht nur aus dem Kopf, sondern aus der Seele zu glauben.

Und nicht mein Kopf, meine Seele sah Maria wieder. Mein eigenes Kind in den Armen, entdeckte ich die Mutter mit dem Kind, und wir teilten unser Glück. Und sprachlos vor Schmerz und Trauer über zerbrochene Lebensentwürfe stand ich vor der Pieta in einem alten Wallfahrtsort wie vor einem Spiegel.

So kehrte sie zurück, erst in meine Seele, dann in meine vier Wände; plötzlich war sie da, noch immer in die alte, längst verstaubte Decke gewickelt, lag sie nach einem Besuch bei meinen Eltern im Kofferraum zwischen Weinkisten und Büchern. Und nun steht sie auf der Fensterbank; einladend schaut sie auf den Hof, und ich vermute, daß selbst meine Nachbarin, eine evangelische Pastorin, ihr zulächelt.

Maria kam zurück in meine Seele und mein Haus, vielleicht war sie auch niemals ganz abgereist. Und sie steigt mir heute auch wieder zu Kopf. Ich denke nach über sie, über das, was ihr Bild durch Jahrhunderte Menschen gegeben hat. Ich sehe nicht die Maria der Dogmatik oder der Erscheinungen, wohl auch nicht die der neuen »feministischen« Theologie, obwohl Dorothee Sölle Maria wieder »hoffähig«, denkbar machte in meinem Kopf. Die Maria auf meiner Fensterbank, in meiner Seele und aus meinen Kindertagen ist die Maria der Maler, der Dichter und der Mütter. Und meine »undogmatischen« Betrachtungen über sie sind weder historisch noch kritisch gemeint, sind weniger Erklärungen als schüchterne, verstohlene Liebeserklärungen.

»Ich sehe dich in tausend Bildern,
Maria, lieblich ausgedrückt,
Doch keins von allen kann dich schildern,
Wie meine Seele dich erblickt«,

dichtete Novalis. Nicht von tausend, sondern von
drei Bildern will ich schreiben, drei Marienbilder
betrachten. Maria steht mir vor Augen als ein Bild
der Kirche, einer sehr anderen, nicht herrschaft-
lichen Kirche; sie zeigt mir ein Bild des Lebens, das
stärker ist als die vielen Tode; in ihr nimmt ein
Gottesbild Gestalt an, das wir vergaßen oder ver-
drängten im Banne des Herrgotts und all der Herren, die ihre Herrschaft in Seinem Namen begründeten. Drei Bilder, die mir zu Kopf gestiegen sind,
bewußt geworden sind – nicht mehr als ein Anfang, der Anfang einer persönlichen Wiederent-
deckung und die Einladung, die tausend Bilder
Marias in unserer Seele zu suchen, zu entdecken
und zu lieben.

Maria – ein Kirchenbild

Das erste Bild Marias, das mir bewußt wurde, war ihre Gestalt im Neuen Testament. Es war und ist bis heute der gewichtigste Einwand gegen die Deutung und Bedeutung Marias, daß sie in der Bibel kaum »vorkommt«, keine »große Rolle« spielt, nicht im Mittelpunkt des Interesses steht. So konnte der Eindruck entstehen, daß im katholischen Raum die Marienfrömmigkeit in dem Maße an Bedeutung verlor, wie der Heiligen Schrift vorrangige Bedeutung zugesprochen wurde. Christlicher Glaube scheint heute nur dann noch verantwortbar, wenn er biblisch inspiriert ist und sich von den Erfahrungen Israels mit Jahwe und der frühen Kirche mit Christus anregen, herausfordern, auf den Weg schicken läßt.

So war mein ursprüngliches Interesse an Maria im Neuen Testament ein kritisches; ich wollte meine Vermutung bestätigen, daß sie von untergeordneter Bedeutung und deshalb meine Schwierigkeit mit der traditionellen Marienfrömmigkeit nur zu berechtigt ist. Aber je mehr ich begriff, daß eine »enge«, nur an den geschichtlichen Zusammenhängen interessierte Bibelauslegung der Schrift und dem in ihr bewahrten Geist nicht gerecht wird, desto lieber gewann ich die Maria, die mir da begegnete. Ich fand sie sympathisch, fühlte mit ihr und wie sie und entdeckte schließlich, daß sie vielleicht keine »große«, wohl aber »meine« Rolle spielt.

Die Bibel, so lernte ich, schildert nicht, was einmal war oder passierte; sie erinnert, was »im Grunde« ist, und sie fordert, was heute passieren soll; sie verheißt, was auch heute passieren kann. Die Gestalten, die in dem großen Lebensdrama, das die Schrift festschreibt, eine »Rolle« spielen, sind nicht nur »historische« Größen – und selbst dies nicht immer. Sie verkörpern vielmehr eine »Rolle« im großen Zusammenhang des Lebens. Adam und seine Frau sind nicht die »ersten Menschen«, sondern die Menschen schlechthin, nicht unsere Vorfahren, sondern wir selbst. Israel vertritt vor Gott die Menschheit, das Leben der Schöpfung; es ist auserwählt nicht aufgrund besonderer Leistung oder Frömmigkeit, sondern es soll zeigen, wie sehr diese Welt von Gott geliebt, getragen und begleitet wird. Jesus von Nazareth als der Christus, als »Gottes Sohn« ist nicht ein »großer Mensch«, ein »Vorbild«, ein menschliches Ideal, sondern er lebt Gott vor, er steht ein für Gott, er ist der Mensch, der wirklich und wahrhaftig Sein Ebenbild ist. Wie Jesus ist, so ist Gott; wo Jesus ist, da ist Gott. Und die von ihm Angesprochenen und in Anspruch Genommenen, Petrus und die Jünger, sie spielen die »Rolle« der Christen aller Zeit.

Maria schließlich gehört auch zu diesem Kreis. Und sie, so scheint mir, faßt noch einmal zusammen, was Christsein bedeutet, was »Kirche« ist. Wo immer in der Schrift Maria begegnet, begegnet uns die Kirche.

Ein erster Versuch, Mariengeschichten als Kirchengeschichten zu lesen, soll ansetzen bei der einzigen biblischen Szene, die Maria in den Mittelpunkt des Geschehens rücken läßt. Es ist dies die Erzählung von der Ankündigung der Geburt des Messias an ein Mädchen in der Provinz. Sie wird uns im Lukasevangelium überliefert, im größeren Zusammenhang des Weihnachtsevangeliums (1,26–38). Diese Geschichte ist einerseits so bekannt und andererseits so belastet mit der Frage nach den biologischen Möglichkeiten einer Jungfrauengeburt, daß ihr Sinn und ihre Provokation leicht übersehen werden.

Lukas selbst gibt uns im kunstvollen Aufbau seines Evangeliums aber eine Verständnishilfe an die Hand; er beginnt – nach einem kurzen Vorwort – seine Jesus-Geschichte nicht mit der Begegnung zwischen Maria und dem Engel, sondern mit einer anderen Verkündigungsszene: Angesagt wird die Geburt des Johannes, des späteren Täufers. Und auch diese Verkündigung ist weniger »historisch« als »typisch« zu verstehen; auch ihre Hauptperson ist weniger eine einmalige geschichtliche Gestalt als vielmehr die Verkörperung eines bestimmten »Typs«. Es ist Zacharias. Zacharias wird durch drei Beschreibungen gekennzeichnet: Er ist ein Mann, gehört also nach damaliger – und vielleicht nicht nur damaliger – Auffassung zur wert-, zumindest aber machtvolleren Hälfte des Menschengeschlechtes. Außerdem ist Zacharias alt, was in früheren Zeiten ein Grund besonderer Wertschätzung war; ausdrücklich wird von ihm gesagt, daß er gerecht und streng an den Geboten orientiert lebte. Und schließlich ist Zacharias ein Priester, damals ein durch Geburt ererbtes Vorrecht, das die Zugehörigkeit zum weltlichen wie geistlichen Adel des Gottesvolkes bedeutete.

Ein alter, ehrwürdiger Mann, ein gerechter und frommer Priester – nach jüdischer Vorstellung konnte es kaum einen Lebensentwurf geben, der besser zum Ausdruck brachte, worauf es ankommt. Und doch ist dieser heilige Mann geschlagen – mit Unfruchtbarkeit. Er kann kein Leben weitergeben, lebt in der Vergangenheit, nicht für die Zukunft.

Dieser Mann, heilig und gottverbunden durch Stand wie Charakter, wird nun »in Szene gesetzt«. Er verrichtet, vorherbestimmt durch die Fügung der Lose, allein den Priesterdienst im Allerheiligsten des einzigen Tempels Gottes in der heiligen Stadt Jerusalem. Hier ist nach jahrhundertelanger Auffassung der Juden wie der Christen bis ins späte Mittelalter hinein der Mittelpunkt der Welt; hier berühren sich Himmel und Erde. Und hier spricht der Engel den Zacharias an. Wenn überhaupt Engel sprechen, dann dürfen wir das hier erwarten, an diesem Ort, bei diesem Mann. Die Botschaft des Engels ist nicht ganz ohne Vorbild: Entgegen menschlicher Erwartung verkündet er neues Leben, die Geburt eines Sohnes. Das hatte Abraham erfahren; so wurde Samuel seiner verzweifelten Mutter und seinem Volk verheißen.

14

Zacharias, der heilige Mann am heiligen Ort, reagierte auf den Engel, wie sich das gehört, wenn man mit dem Heiligen in Berührung kommt: er erschrickt. Aber auf des Engels Botschaft reagiert er mit Skepsis. An Gott im Tempel glaubt er, an Gott im Leben aber nicht mehr so recht. »Woran soll ich erkennen, daß das wahr ist?«, fragt Zacharias den Engel. Und mit dieser Frage verstummt er auf lange Zeit.

Zacharias, so meinte es Lukas, ist typisch für Israel, für das alte Israel. Zacharias, so scheint mir, ist in mancher Hinsicht auch typisch für die Gestalt unserer Kirche.

Ebenso typisch ist aber nun auch die Maria, die uns Lukas vor Augen malt. Sie ist »nur« eine Frau, ohne Stimmrecht im Gottesvolk; Weihen und Würden des Zacharias sind ihr verschlossen. Sie ist jung, unbedeutend. Sie steht am anderen Ende der Hierarchie Israels. Und unbedeutend wie sie selbst ist ihr Ort, Nazareth, ein trostloses Provinznest in Galiläa. Daß hier ein Engel erscheint, ist ganz und gar nicht zu erwarten. Und doch geschieht es, so wie es sich in der Geschichte Israels immer wieder, gegen alle Erwartung, trotz aller Zweifel, gezeigt hatte: Gott tritt gerade an die Seite derer, die gottverlassen erscheinen, niedergedrückt und unbedeutend. Daß Er Menschen nahekommt, liegt nicht an der Würde und Leistung dieser Menschen, ist nicht ihr Verdienst, sondern Seine Gnade; es ist geschenkte Zuwendung, Ausdruck Seiner Liebe zu denen, die Liebe besonders nötig haben. So wie das verheißene neue Leben, der

15

Messias, Ausdruck Seiner Liebe ist und Geschenk; kein »Produkt« menschlicher Höherentwicklung, nicht Ergebnis von Auslese und Geburtenplanung, sondern Kind des Himmels und der Erde, ein Geschenk des Himmels. Daß Gottes Liebe immer Geschenk ist, wird in diesem Kind von Anfang an deutlich – und bis zum bitteren Ende an Galgen und Grab.

Aber Lukas malt die unerwartete Erwählung der Maria und der Kirche noch deutlicher und damit noch anstößiger aus. Denn dieses Kind wird geboren, ohne daß ein Mann eine Rolle spielt. Ganz gewiß greift eine nur biologische Befragung dieses Wunders zu kurz; sie liegt auch weit außerhalb des Interesses, aus dem heraus Lukas schreibt. Daß Gott ein solches Wunder zu wirken vermag, will ich nicht bestreiten; doch geht es hier nicht um den Unterleib, sondern um die »Seele« der Maria und das Wesen ihres Kindes. Auch scheint mir der Vergleich mit den gar nicht seltenen Geschichten aus alter Zeit über die wunderbare Geburt »großer Menschen«, Helden und Halbgötter nicht unbedingt hilfreich. Wenn Alexander ein Göttersohn ist, dann sagt das etwas über den siegreichen Kriegsherrn wie über seine Götter; ein im Stall geborener und am Kreuz gehängter Gottessohn sagt etwas ganz anderes über Gott und Sein Aufscheinen in dieser Welt. Alexander ist ein Göttersohn,

Verkündigung Mariä, niederländisch, um 1520

um Alexander groß zu machen; Jesus ist Gottes Sohn, damit deutlich wird, wie »klein« sich Gott macht in Seiner liebenden Solidarität mit uns.

Nein, auch die rein religionsgeschichtliche Erklärung der »Jungfrauengeburt« greift, so scheint mir, zu kurz. Daß dieser Sohn der Maria geboren wird nicht aus dem Willen eines Mannes, hat entscheidend »politische« Bedeutung, oder, da die Gemeinschaft, die »Polis«, um die es im Evangelium geht, die Kirche ist, kirchliche, kirchenbegründende, »ekklesiologische« Bedeutung. Denn der Mann ist damals wie vielfach auch heute noch der, der etwas machen kann, der die Macht hat, der »Herr« ist und herrscht. Wo aber Gott zur Welt kommt, so sagt Lukas, da spielen die Herren der Welt keine Rolle, da sind starke Männer nicht gefragt. Dies ist biblische »Jungfräulichkeit«, die weniger mit dem Zustand körperlicher Organe zu tun hat als mit der Freiheit der Seele vom Willen zu Macht, Herrschaft, Herrsein, die vielmehr Ihn anerkennt als den einzigen, der wirklich den Namen »Herr« verdient.

Der Evangelist Johannes drückt in seiner ganz anderen Sprache den gleichen Gedanken aus; in seiner »Weihnachtsgeschichte«, seinem Vorwort über die Menschwerdung des Wortes, schreibt er, daß alle, die die Macht, die Vollmacht haben, Kinder Gottes zu sein, nicht aus dem Blut, nicht aus dem Willen des Fleisches, nicht aus dem Willen des Mannes geboren sind, sondern aus Gott (1, 12f). So sind alle, die den Namen Christi zu Recht tragen, in dieser Weise »jungfräulich« geboren.

Maria bringt Gott zur Welt, nicht obwohl, sondern weil sie sich nicht einläßt auf die Herren dieser Welt und ihren Lebensentwurf. Diese Herren – Augustus und Quirinius, Herodes, die Schriftgelehrten und Hohenpriester – meinen zwar die Welt zu bewegen oder zu durchschauen; aber das wirklich Weltbewegende, die Geburt des Messias, wird ihnen verborgen bleiben, während die armen Brüder der Maria, die Hirten, draußen im Dunkel der Nacht, das aufstrahlende Licht aus der Höhe sehen und das Wunder erfahren werden.

Wo Gott zur Welt kommt, werden Menschen freier von den Herren dieser Welt, freier auch von der eigenen Selbstherrlichkeit. Und auch dies ist ein Wesenszug der Maria und der Kirche, wenn sie im Bild Marias aufscheinen will. Maria erschrickt zwar wie Zacharias vor dem Engel, vor allem davor, daß er sie meint und anspricht und der Nähe Gottes versichert. Auch die Botschaft, die ihr gesagt wird, ist nicht weniger unglaublich, aber Maria reagiert anders. Zwar senkt auch sie nicht einfach stumm und demütig das Haupt, sondern fragt zurück wie der Priester Zacharias. Aber es ist nicht die skeptische Frage eines alt und müde gewordenen Glaubens nach den Anhaltspunkten für einen Neubeginn. Es ist die ganz praktische Frage, wie denn das Neue seinen Weg finden soll. Was kann ich tun – was willst du mit mir, durch mich tun? Wie gesagt, Maria bekommt weder Beweis noch Erklärung, nur einen Hinweis auf die lebensschaffende Kraft und Liebe Gottes – und sie läßt sich darauf ein: Ich bin die Helferin des Herrn; was an mir liegt, soll geschehen, damit Gott zur Welt kommt. Ihre Antwort ist weit eher mutig als – im landläufigen Sinne – demütig.

Das ist der »englische Gruß«, der mitten ins Leben der Kirche zielt und gut in die Lebens- wie die Tagesmitte paßt:

Gott schenkt sich.
Gott kommt nicht auf dem Weg der Herren.
Gott braucht Menschen,
die Ihn zur Welt bringen,
in denen Er Gestalt annehmen kann,
durch die Er lebendig wird.

So steht Maria vor uns als Bild der Kirche: Als Bild einer Kirche, die weiß, daß Gott sich ihr schenkt und sich durch sie den Menschen weiterschenken will ohne Vorbedingung, ohne Vorbehalt. Als Bild einer Kirche, die gewiß nicht auf männliche Glaubende, wohl aber auf »starke Männer«, auf Macher und »Herren« verzichten muß und verzichten kann. Als Bild einer Kirche, die nicht skeptisch die Verheißungen Gottes befragt, ob sie noch glaubwürdig seien und für welchen Bereich, sondern die immer wieder danach fragt, wie Gott heute durch uns zur Welt kommen will, was Sein Geist, Seine Kraft, in uns und durch uns bewirken will, wie Er in uns, der Gemeinschaft der Kirche wie in jedem einzelnen, zur Welt und ins Leben kommen kann.

Auf der Seite der Menschen

Auf unserer Suche nach biblischen Mariengeschichten, die zugleich Kirchengeschichten sind, verlassen wir den Evangelisten Lukas und machen Station bei Johannes. Dieser zeigt und deutet uns Jesus vor allem als den, in dem und durch den Gott, der Vater, offenbar wird. Gott spricht und handelt durch Jesus, Seinen Sohn, und das erste große Zeichen der Offenbarung geschieht auf der »Hochzeit zu Kana« (Joh 2, 1–11). Maria, die mit ihrem Namen gar nicht genannte Mutter Jesu, spielt dabei eine wichtige Neben-, ja beinahe könnte man sagen Gegenrolle.

Rufen wir uns die bekannte Erzählung kurz ins Gedächtnis zurück. »Am dritten Tag« findet eine Hochzeit statt, zu der die Mutter Jesu wie auch Jesus selbst mit seinen Jüngern geladen sind. Der »dritte Tag« nimmt nicht Bezug auf ein bestimmtes, vorher geschildertes Ereignis, sondern ist ein Datum des Glaubens. Am dritten Tag, so sagt das Alte Testament an vielen Stellen, ist der Zeitpunkt gekommen für das rettende Eingreifen Gottes: Nach drei Tagen wird Jona gerettet aus dem Bauch des verschlingenden Seeungeheuers. Am dritten Tag, so hatten die Christen erfahren, wurde auch Jesus herausgerissen aus dem Bauch der Erde, aus Grab und Tod. Und sowenig wie das Datum ist der Anlaß beliebig oder nur geschichtliche Erinnerung: Immer wieder dient das Hochzeitsmahl in der neutestamentlichen Überlieferung als Bild des messianischen Reiches, der endgültigen Verbun-

Die Hochzeit zu Kana,
Emaillearbeit auf einem
Reliquienschrein aus der
ersten Hälfte des 12. Jahr-
hunderts, heute im Museum
für Kunsthandwerk,
Frankfurt am Main

denheit und Übereinstimmung zwischen den
Menschen sowie zwischen Mensch und Gott.
Aber die hochzeitliche Freude der hier angedeuteten Feier wird arg getrübt, den Feiernden geht der
Wein aus. Es bleibt uns verborgen, ob das an der
mangelnden Vorsorge der Einladenden oder am
übermäßigen Trinken der Gäste liegt – jedenfalls
droht dem Fest ein plötzliches und unerwartetes
Ende: Wasser statt Wein, Ernüchterung statt be-

rauschender Freude, das Leben verliert an Geschmack.

Und nun folgt einer der eigenartigsten Dialoge, die uns von Jesus überliefert werden. Seine Mutter geht zu ihm und sagt: »Sie haben keinen Wein mehr.« Das ist zunächst eine schlichte Feststellung, aber doch wohl mehr als eine bloße Information; die Nachricht ist zugleich Aufforderung, auf die veränderte Situation zu reagieren. Die Mutter erwartet, daß Jesus eine Wende herbeiführen kann, daß er die Situation verwandelt.

Und dann folgt die schockierende Antwort, die wir nicht durch allzu glättende Erklärungen oder Übersetzungen verharmlosen sollten: »Was willst du von mir, Frau? Meine Stunde ist noch nicht gekommen.« Vielleicht hat dieser Satz in damaligen Ohren nicht so hart, anstößig und ungehörig geklungen wie für uns, aber schroff, abwehrend, nicht sehr liebevoll ist er allemal. Weit entfernt scheint dieser Jesus von seiner Mutter wie von den menschlichen Kümmernissen überhaupt. »Was habe ich mit dir zu schaffen?«, so übersetzte man früher. »Laß mich in Ruhe damit!«, ist zweifellos gemeint. Und auch die Anrede wirkt geradezu kränkend: »Frau«, das sagt man nicht zur eigenen Mutter; das ist zwar keine Beleidigung, gewiß aber auch keine respektvolle Anrede.

Das kurze Gespräch vermittelt jedenfalls den Eindruck der Distanz zwischen Mutter und Sohn; aber die Mutter reagiert weder gekränkt noch enttäuscht, sondern so, als sei sie einer ganz anderen Antwort gewiß. »Was er euch sagt, das tut«, sagt sie zu den Dienern. Und so nimmt das Wunder seinen Lauf. Die riesigen Waschkrüge, die etwa hundert Liter Wasser für die Fußwaschung fassen, werden gefüllt, und als der für den Ablauf des Festes Verantwortliche davon kostet, schmeckt er besten Wein.

Eine merkwürdige Geschichte. Gerade deshalb wurde sie im Lauf der Kirchengeschichte immer wieder bedacht, betrachtet, gedeutet. Es geht nicht um ein bestimmtes geschichtliches Ereignis – jedenfalls nicht nur und nicht zuerst –, sondern um den »Anfang der Zeichen«, dem die anderen Zeichen folgen bis hin zum großen Zeichen der Gottesoffenbarung am Kreuz. In Kana sehen wir – so scheint es – eine unplanmäßige Offenbarung, ein verfrühtes Zeichen, das so nicht in der Absicht des Himmels liegt, sondern in den Sehnsüchten der Erde seinen Anfang nimmt.

Maria begegnet uns hier auf der Seite der Erde, auf der Seite der enttäuschten und ernüchterten Feiernden, als Anwältin der Menschen und des Menschlichen. Sie vermittelt, und sie ist bereit, eine barsche Antwort hinzunehmen. Sie geht nicht zu den Menschen auf Distanz; eher riskiert sie eine gewisse Distanz zu ihrem Sohn. Sie kümmert sich um die kleinen Sorgen, die Sorgen der Kleinen, und sie belästigt damit ihren großen Sohn. Darin unterscheidet sie sich deutlich von den Jüngern, von denen berichtet wird, daß sie häufig lästige Bittsteller abdrängen, damit der Meister seine Ruhe habe. Maria aber versteht sich nicht als Anwältin Gottes und Seiner großen Pläne, sondern als Anwältin der Kleinen und ihrer kleinen Hoffnungen und Sorgen. »Sie haben keinen Wein mehr«, keine Freude, nichts mehr, was sie berauscht und begeistert; ihr Glück geht zu Ende, das Leben ist nicht mehr Hoch-Zeit, es wird wieder langweilig und banal.

Maria ist nicht die erste biblische Gestalt, die anfängt, mit Gott zu verhandeln; das tut schon Abraham, um die Städte Sodom und Gomorrha vor dem fallenden Feuer des Gerichts zu retten, selbst das erscheint beinahe dreist. Maria aber stellt sich Seinem und ihrem Sohn in den Weg wegen ein paar Krüge Wein und ein paar Stunden Glück. Und sie hat mehr Erfolg als Abraham. Ihr Vertrauen rettet das Fest.

»Sie haben keinen Wein mehr«, sagt unsere Vermittlerin, zum Himmel gewandt, und: »Was er euch sagt, das tut«, sagt sie zur Erde. Eine Mittlerin zwischen Himmel und Erde, Gott und den Menschen, großen Plänen und kleinen Sorgen. Hemmungslos nutzt sie ihre Beziehungen aus, damit das Leben ein Fest ist, Geschmack behält, begeisternd ist und nicht schal.

Marienbilder als Kirchenbilder. Eine sympathische Maria als Bild einer sympathischen, mit den Menschen fühlenden Kirche entdecke ich auf der Hochzeit zu Kana. Diese Maria, diese Kirche verlangt nicht mit säuerlicher Miene oder jenseitiger Abgeklärtheit den Verzicht auf das, was das Leben zum Fest macht, auch wenn es hier gewiß nicht einfach um die Bereitstellung alkoholischer Getränke geht, sondern um ein Lebenszeichen. Wein steht hier für das, was Leben wirklich berauschen und begeistern kann, was Augen leuchten und Herzen sich öffnen läßt, was Menschen zum Singen und Tanzen bringt. Wie oft wurde diese tiefe Lebensfreude und Lebensbejahung in der Kirche verachtet und verdächtigt, wie oft wurde bitteres Wasser statt süßem Wein verkündet, wie oft wurde im Namen des Himmels der Erde gedroht, wenn sie Glück und Freude suchte? »Sie haben keine Moral mehr«, sagt eine solche Kirche anklagend und abseitsstehend auf den Festen des Lebens und der Liebe. Maria aus Kana sagt: »Sie haben keine Freude, keinen Grund zur Begeisterung mehr.« Maria als Bild einer Kirche, die sich nicht zuletzt als Mittlerin der Freude versteht, als Mittlerin einer frohen Botschaft.

Was die Marienfrömmigkeit der kleinen Leute über Jahrhunderte wußte und ausdrückte, daß die Mutter Maria als Mittlerin für sie eintritt – liebe- und verständnisvoll, bittend und schützend, Bild der Barmherzigkeit in einer oft unbarmherzigen Welt und zugleich Verkörperung ihrer Sehnsucht nach Schönheit und Harmonie, Leben und Glück auch im Schatten des Kreuzes –, dies findet zumindest einen Anhaltspunkt in der Rettung des Festes von Kana.

Marienbilder als Kirchenbilder: Eine Kirche nicht nur auf dem Sinai oder auf Golgatha (mögen dies auch die Höhen ihres Wirkens sein), sondern auch in Kana – Verteidigerin des »Weins«, der Freude und Begeisterung in einer immer kälter und nüchterner gewordenen Welt. Eine Kirche, die Gott aus den Höhen »herabzieht«, damit das Leben Hochzeit sein kann, und sei es nur für Stunden; die Ihn dazu drängt, das abgestandene Wasser der lustlosen Riten und Gewohnheiten in unseren Herzen und unseren Gemeinden zu wandeln in den Wein der »Gottestrunkenheit«, und die uns einlädt zur Feier des Lebens im Vertrauen auf Seine verwandelnde Macht. Eine Kirche, die die menschliche Freude und das menschliche Glück nicht weniger verteidigt als die göttliche Wahrheit.

»Wer ist meine Mutter?«

Auch das dritte »typische« Bild der Maria im
Neuen Testament zeigt eine deutliche Distanz zwischen Mutter und Sohn, eine Distanz, die diesmal
freilich Maria weniger sympathisch erscheinen
läßt als bei der Hochzeit von Kana – aber auch dies
ist eine Wirklichkeit von Kirche.

Das Bild, das uns in mehreren Szenen, zuerst und
besonders scharf und kontrastreich von Markus
vor Augen gemalt wird, hält eine Entfremdung fest
zwischen Jesus und seiner Familie, der er zum verlorenen Sohn geworden ist. Jesus hat Menschen
geheilt; er hat Jünger um sich gesammelt und mit
der Wahl der Zwölf eine neue »Familie Gottes« begründet. Der Zulauf ist groß, auch Jesu leibliche
Familie erscheint »draußen vor der Tür«, freilich
nicht als Anhänger des Messias Jesus, sondern um
ihn mit Gewalt heimzuholen, da er von Sinnen,
besessen sei (Mk 3, 21). Sie schätzen den verlorenen Sohn nicht anders ein als die Schriftgelehrten,
die aus der heiligen Stadt Jerusalem in die Provinz
gekommenen Religionsspezialisten, mit deren Vor-
wurf Jesus sich in den folgenden Versen auseinan-
dersetzt; er widerlegt ihn nicht nur, sondern begegnet mit dem Gegenvorwurf, sie, die Schriftgelehrten, die es doch eigentlich besser wissen müß-
ten, begingen die einzig unverzeihliche Sünde und
Lästerung, nämlich die »gegen den Heiligen Geist«
(3, 22–30).

Dann lenkt Markus die Aufmerksamkeit wieder
auf die Mutter und die Brüder; sie wollen Jesus

herausrufen lassen aus dem Haus, aus dem neuen Zuhause, der neu begründeten Familie. Aber Jesus kündigt die verwandtschaftlichen Beziehungen auf. »Wer ist meine Mutter«, fragt er, »und wer sind meine Brüder?« Und er gibt sich selbst und den Umstehenden die Antwort: Die hier um ihn sitzen, zu seinen Füßen, die bei ihm »in die Schule gehen« und den Willen Gottes tun, die sind ihm Bruder und Schwester und Mutter (3,31–35).

Das hier entworfene Bild ist nun freilich nicht nur für die traditionelle Marienfrömmigkeit und -theologie unerträglich, auch die späteren Evangelisten Matthäus und Lukas haben es so nicht von Markus übernommen; sie übergingen den gewaltsamen Heimholungsversuch des verlorenen, besessenen Sohnes und mildern auch den Gegensatz, der sich auftut in Jesu Antwort auf die Frage nach seiner Mutter und seinen Brüdern (vgl. Mt 12,46ff; Lk 8,19ff). Aber es spricht doch vieles dafür, daß Jesus ein keineswegs spannungsfreies Verhältnis hatte zu seiner Herkunft, nicht zu seinem Volk, nicht zu seiner Vaterstadt, nicht zu seinen Brüdern, auch nicht zu seiner Mutter.

Dies wird dann noch einmal deutlich in einer kleinen Szene beim Evangelisten Lukas, der in seiner Vorgeschichte Maria besonders hervorhebt, aber auch beschreibt, wie Jesus auf einen Zuruf aus der Menge reagiert (11,27f): »Selig die Frau, deren Leib dich getragen und deren Brust dich genährt hat«, ruft eine Frau ihm zu. Doch Jesus geht darauf nicht ein; keineswegs bestätigt er diesen Zuruf zunächst mit einem »O ja«, wie dies ältere katholische Übersetzungen erscheinen lassen, eher kann man ein »O nein« mithören, wenn Jesus sagt: »Selig sind vielmehr die, die das Wort Gottes hören und es befolgen.«

Unübersehbar ist der Abstand zwischen Mutter und Sohn hier, Maria teilt das Schicksal so vieler Eltern, die schmerzhaft erfahren müssen, wie die groß gewordenen Kinder nicht nur einen eigenen Weg einschlagen, sondern den Lebensweg und die Lebensziele ihrer Väter und Mütter radikal in Frage stellen. Das Bild der »Pieta«, der »schmerzhaften Mutter«, kann zwar nicht anknüpfen an eine bestimmte Stelle des überlieferten Evangeliums, aber es bringt doch zum Ausdruck, was die Evangelien andeuten: Erst im Tod wird der verlorene Sohn zurückfinden in den Schoß der Mutter und der Familie. Freilich, so erzählt der Evangelist Johannes, wird er schon am Kreuz die Wand zwischen alter und neuer Familie, zwischen Maria und Johannes, niederreißen und die zwei verbinden zu einer Gemeinschaft; und in der Erfahrung der Auferstehung wird er Maria und seine leibliche Familie heimholen in die Kirche, in die Gemeinschaft der Glaubenden, der ihm Nahestehenden und Nachfolgenden. Aber bis dahin geht ein Schwert durch die Seele der Maria (vgl. Lk 2,35), steht sie sprachlos und fremd »draußen« vor der Türe des anbrechenden Reiches, das alle alten Bande und Bindungen unbedeutend macht.

Mariengeschichten als Kirchengeschichten. Hier geht es wirklich nicht um einen historischen Familienzwist und Generationenkonflikt, nicht um eine damalige und einmalige Spannung zwischen Christus und der Mutter, sondern um eine grundsätzliche und bleibende. »Wer ist meine Mutter?«, fragt Christus die Mutter Kirche. Deren Geschichte war und ist gewiß nicht nur, aber doch auch die Geschichte des Versuches, Christus zu zähmen, zu »domestizieren«, aus dem Herrn des Geistes und der Kirche einen pflegeleichten »Haus-Gott« zu machen, dessen Interessen sich so wunderbar mit den eigenen decken; den man lieber vergoldet sah als in Lumpen, lieber auf Thronen als unter den Armen und Elenden, dessen Kreuz man lieber mit Edelsteinen schmückte, anstatt es wiederzuerkennen in den Galgen und Marterpfählen aller Zeiten. Dieser Versuch der Heimholung, der Einvernahme des Sohnes mußte scheitern. Wo der Geist lebendig war, da war er nicht zu bändigen, nicht festzuhalten in Kirchenrecht oder Reliquien, hinter Klostermauern oder im Herzen der einzelnen; er brach auf und aus und steckte an, warf sein Feuer auf die Erde – und es brannte. Und wo der Sohn festgehalten wurde von der Mutter, da war er nicht mehr lebendig und machte nicht mehr lebendig; in ihrer Hand hatte sie nur eine schön geschmückte Mumie.

»Wer ist meine Mutter?«, fragt Christus die Mutter Kirche. Er erinnert uns daran, daß Herkunft und Tradition nicht Garantie sind für den Geist und die Nähe Gottes; daß sie, die den Herrn genau zu kennen meinen, leicht auf die Seite der Pharisäer geraten können, die unentschuldigt fehlen beim Anbrechen des Reiches.

Unter welchen Menschen steht Christus heute, wo wirft er sein Feuer zur Erde, wo treibt er die Dämonen aus und befreit Menschen von dem, was sie besitzt, wo ver-rückt er die geltenden Wertmaßstäbe? Im Schoß der Kirche? Nur dort? Vor allem dort? »Wer ist meine Mutter?« – eine schmerzhafte und verletzende, kränkende und verunsichernde, aber eine biblisch vorgeschriebene Frage – an uns gerichtet.

An uns! Also nicht nur an die Strukturen und Repräsentanten der Kirche, an ihr öffentliches Erscheinungsbild und ihre verantwortlichen Leiter. Sondern an uns alle, die wir uns als Kirche verstehen. Diese Frage eignet sich nicht zur innerkirchlichen Auseinandersetzung zwischen »oben« und »unten«; wo in ihr Schadenfreude mitklingt oder Selbstgerechtigkeit, da ist sie falsch verstanden. »Wo ist meine Mutter?« – diese Frage zur Gewissenserforschung richtet sich auch an mich, mein Leben, meine Art und Weise, Christ zu sein und Kirche zu bilden. Ist mein Glaube mehr als Herkunft und Überlieferung? Gehe ich noch bei Christus »in die Schule« oder lerne ich nur noch, mich anzupassen und zu funktionieren? Habe ich ihn verkleinert, so daß er in die Maßstäbe meines bürgerlichen Weltbildes paßt? Habe ich ihn verbeamtet oder gründlich entsorgt im Jenseits, in religiösen Riten oder klugen Diskussionen, in Innerlichkeiten oder Äußerlichkeiten aller Art, so daß er mich nicht mehr beunruhigt durch seine Ausstrahlung? Versuche ich ihn heimzuholen in meine Anständigkeiten und Vernünftigkeiten, um mich nicht lächerlich zu machen durch seine Verrücktheiten?

»Wer ist meine Mutter?« – eine schmerzhafte Frage an die Mutter Kirche. Sie nimmt Gestalt an im Bild einer Maria, die nicht so sympathisch widerständig ist wie die Maria von Kana und die weniger hereingenommen ist in das ewige Wunder der Menschwerdung Gottes als die Maria der weihnachtlichen Erzählungen. Aber wir sollten auch dieser Maria ungeschminkt ins Gesicht sehen wie in einen Spiegel, in dem wir die eigenen entstellten Züge erkennen. Wir sollten mit dieser Maria den Schmerz der Distanz zulassen, erleiden und vielleicht überwinden. Nur wer ernstlich fragt, wo er steht, und wer es noch bemerkt und daran leidet, wenn er auf der falschen Seite steht, wird sich bewegen und bewegen lassen. Nur die »schmerzhafte Mutter«, die leidet an der Distanz zum Sohn und an sich selbst, wird Auferstehung erfahren.

Ein Bild des Himmels auf Erden

Einen letzten neutestamentlichen Blick auf Maria wollen wir tun mit den Augen des Sehers Johannes. In der »Geheimen Offenbarung« reiht er gewaltige, verwirrende, erschütternde und zu Herzen gehende Bilder aneinander, die zum größten Teil der schon vorchristlichen jüdischen Bildersprache entstammen; sie sind aber erfüllt von sehnsüchtiger Erwartung und unerschütterlicher Gewißheit einer von Gott gewirkten Wende zum Heil. Der

Aufbau dieser eigenartigen Schrift, Trost und Protest zugleich, vollzieht sich nicht unbedingt nach den Gesetzen der Logik. Immer neue Gesichter tauchen auf und verschwinden wieder, verschwimmen ineinander und unterbrechen sich.

Im zwölften Kapitel wirft Johannes dann das Bild an den Himmel, das wir nun betrachten wollen. Es ist zugleich ein schöner Beleg dafür, wie Marien- und Kirchenbilder zusammenfließen im Neuen Testament und der Geschichte seiner Auslegung. Denn die Frau, von der in dieser Vision die Rede ist, ist sicherlich zunächst gedacht und gesehen als Bild des Gottesvolkes, der Kirche; in der Tradition aber wurde sie erkannt als Bild Marias. Und, wie ich zu zeigen versucht habe, beide Sichtweisen schließen einander nicht aus, sondern ein.

Der Seher stellt uns die Vision vor als »großes Zeichen am Himmel« (12, 1); er zeigt uns also ein Gleichnis überirdischer, übergeschichtlicher, zu allen Zeiten gegenwärtiger Wirklichkeit. Die Frau wird beschrieben als Königin des Himmels, die Sonne bekleidet sie, der Mond liegt ihr zu Füßen, ein Kranz von zwölf Sternen krönt und schmückt ihr Haupt. Die Herrlichkeit des Himmels, die das Alte Testament aufgreift als Abglanz der göttlichen Herrlichkeit (z.B. Hab 3,3f; Pss 8,2; 19,2; 36,6; 103,11), leuchtet auf in der Gestalt dieser Frau.

Aber die Verklärung dauert nur einen Augenblick, dann wird das himmlische Bild »geerdet«; die Wirklichkeit von Leid und Leben kommt in den Blick, denn die Frau ist schwanger und schreit vor

34

Schmerz in ihren Geburtswehen (12, 2). Für den Seher Johannes wie für die Menschen, denen er berichtete und die gewiß wie er vertraut waren mit der alttestamentlichen Überlieferung, war dies eine Anspielung auf jenen Fluch, der seit dem »Sündenfall« Leben, Lieben und Leiden miteinander verknüpft und neues Leben nur unter Schmerzen anbrechen läßt (vgl. Gen 3, 16). Der Prophet Micha (4, 10) benutzte das Bild als Gleichnis der Tochter Zion, die auf freiem Feld wohnen muß; gemeint ist das Gottesvolk, das in die Fremde vertrieben wird. Doch an einer anderen Stelle der prophetischen Schriften (Jes 42, 14) bedeutet der Schrei der Gebärenden auch den Aufbruch Gottes, der sich nicht mehr zurückhalten kann und Seinen verlorenen Menschen neue Lebensmöglichkeiten eröffnet. So verbinden sich in der Gestalt der Frau himmlische Hoheit und irdische Realität, Schmerz, Verlorenheit und Hoffnung.

Doch der Seher malt uns noch ein weiteres Zeichen an den Himmel: einen Drachen, ein Monster, riesig und feuerrot, mit sieben gekrönten Köpfen und zehn Hörnern; sein alles zerschmetternder Schweif fegt ein Drittel der Sterne vom Himmel (12, 3f). Dieser Drache ist eine Gestalt aus dem Buch Daniel (vgl. Dan 7); er verkörpert die gott- und menschenfeindlichen Mächte, die die Erde zerstören. Aber während Daniel ihn noch aufsteigen sieht aus den Tiefen – Ausgeburt des Abgründigen, Zerstörerischen, Chaotischen und Bösen –, hat er in der Sicht des Johannes schon den Himmel, die Stelle Gottes, eingenommen.

*Fresko in der Kirche zu
Saint-Savin, Departement
Poitou, Frankreich*

Übermächtig tritt das Böse auf, die himmlisch-irdi-
sche Frau steht in seinem Schatten; der Drache
steht vor ihr, um das Kind zu verschlingen, sobald
es zur Welt kommt.
Und dann wird ihr Kind geboren, das Kind der

36

Verheißung. Doch die Mächte der Finsternis verschlingen es nicht, ganz undramatisch und unan-
schaulich wird uns gesagt, daß es zum Throne
Gottes, der wohl unendlich weit über den Him-
meln ist, entrückt wird. Die Frau aber flieht in die

37

Wüste, verläßt den Himmel und die überzeitliche Dimension und geht ins Exil der wüsten Erde und ihrer Geschichte, wo Gott ihr auf lange Zeit einen Zufluchtsort geschaffen hat.

Der Blick des Sehers fesselt uns nun noch eine Weile an den Himmel. Dort wird in gewaltiger Schlacht der Drache – nun gleichgesetzt mit der »alten Schlange«, die Eva ins Unglück führte, dem Satan also samt seinen Engeln – von Michael und den himmlischen Scharen gestürzt und auf die Erde herabgeworfen. Vor »Michael« – das heißt: vor der Frage »Wer ist wie Gott?« – zerbricht sein himmlischer, endgültiger Machtanspruch. Und eine Himmelsstimme ruft den endgültigen Sieg Gottes aus durch das »Blut des Lammes« und die Hingabe der »Brüder«; freilich verkündet sie aber auch das Wüten des vom Himmel gestürzten Ungeheuers auf der Erde (12,7–12).

Auf der Erde führt der Drache nun also Krieg gegen die Frau, beschrieben in Bildern und mit Zeitangaben, die für uns kaum durchschaubar sind. Mit Adlersflügeln – einem uralten Bild für die behütende Liebe Gottes (vgl. Dtn 32,11) – entkommt sie den Nachstellungen und flieht dabei tiefer hinein in die Wüste. Da verwandelt sich der Drache in die todbringenden Wasser des Untergangs, aber die Erde kommt der Frau zu Hilfe, öffnet sich und verschlingt den Strom. Der Drache muß erkennen, daß er die Frau nicht vernichten kann und begnügt sich mit dem Kampf gegen ihre einzelnen Nachkommen – die Kirche wird nicht überwältigt von den Pforten der Hölle, wenn auch jeder einzelne Christ mit der Wirklichkeit von Tod und Untergang rechnen muß.

Dann endet dieser Bilderzyklus. Noch zwei andere Frauengestalten tauchen im weiteren Verlauf der Geschichte auf: die »Hure Babylon« (vgl. Kap. 17) als Zerrbild menschlicher Gemeinschaft; schließlich die himmlische Braut, das »himmlische Jerusalem«, die verklärte Gestalt der Kirche (vgl. Kap. 21,9ff). Aber ein unmittelbarer Zusammenhang mit der Himmelskönigin in der Wüste ist nicht zu erkennen.

Mariengeschichten als Kirchengeschichten – hier ganz ausdrücklich. Aber was sollen wir anfangen mit dieser verwirrenden und wohl auch etwas verworrenen Bildersprache? Allzuoft hat sie im Laufe der Geschichte gerade die begeisterungsfähigen Christen dazu verführt, geheimes Wissen über die Zukunft herauszulesen und sich in Wunschträumen oder Angstphantasien zu verlieren. Aber es geht, so scheint mir, nicht um in der Zukunft verborgene Geschehnisse, sondern um die Gegenwart; nicht um Geheimnisse, sondern um Selbstverständlichkeiten im Leben der Kirche. Die Mutter des Messias, die Frau wie die Gemeinschaft, durch die Gott zur Welt kommen will, strahlt etwas wider von Seiner himmlischen Herrlichkeit. Doch diese Herrlichkeit bedeutet gerade kein unbeteiligtes Schweben über den irdischen Dingen, vielmehr eine Verstrickung in Leben, Lieben und Leiden: Nicht als Unberührte und Unberührbare wird uns die himmlische Frau gezeigt, sondern als unter Schmerzen gebärende. Nicht eine vergeistigte Kirche steht am Himmel und in Gottes Plan, sondern eine, die liebend und leidend das neue Leben empfängt und weitergibt.

Und sie steht da als Gegenüber des Drachen, des Bösen und Zerstörerischen. Aber sie steht nicht da als der strahlende Sieger; wenn auch der Drache endgültig überwunden und der endliche Sieg der rettenden Liebe Gottes gewiß ist, so muß die Frau doch in die Wüste fliehen, und ihr Sohn ist nicht nur dem Drachen, sondern auch ihr entrückt zum Throne Gottes. Sie wird nicht die Starke sein in der Geschichte der Wüste und der Wüste der Geschichte, sondern die Schwache, beschirmt und getragen von Gottes Liebe und im Bund mit der Erde, die immer wieder das alles überflutende Chaos aufnehmen muß.

Mariengeschichte – wenn wir den Seher so verstehen wollen – als Kirchengeschichte, hier ganz unabweisbar. Die Kirche, die himmlische Braut, wird gerade durch das, was ihre Würde und Aufgabe ist: die Weitergabe des neuen, gottgegebenen Lebens, auf die Wüstenwanderung durch die Geschichte geschickt. Sie steht im Kampf gegen die Übermacht des Bösen in uns und um uns; sie kann diese nicht besiegen, sondern nur überleben im Vertrauen auf die behutsame Liebe Gottes und die Sympathie und Leidensfähigkeit der Erde. Sie kann das Böse in uns und um uns nicht vom Angesicht der Erde und aus den Schlagzeilen der Geschichte vertreiben – dies bleibt Gott überlassen. Aber auf ihrem Weg durch die Wüste ist sie ein Stück Himmel auf Erden, eine unzerstörbare Hoffnung. Nur

Kompromisse darf sie nicht schließen mit dem Drachen, darf sich nicht mit ihm arrangieren, auf seinem Rücken reiten wie die »Hure Babylon«, gar sich den Himmel, den absoluten Sinn und die Wahrheit, teilen mit der Ausgeburt der Unmenschlichkeit. Wenn sie diesen Preis zahlt, um unangefochten »am Himmel«, »überm Paradiese«, »im Glanz der Morgenröte« zu thronen, dann verliert die Erde das Stück Himmel, das Gott ihr zugesagt hat, und der Himmel das menschliche Gesicht.

Maria als Abbild und Vorbild der Kirche

Gewiß sind diese biblischen Betrachtungen über Maria als Bild der Kirche nicht vollständig; es fehlt vor allem das Bild der prophetischen Maria, die Gott in die Welt trägt und dabei das Magnificat singt, das Hohelied von der Umwertung aller Wertordnungen durch die außerordentliche Liebe Gottes. Auch sind diese kirchlichen und kirchenbezogenen Deutungen wohl nicht die einzigen Möglichkeiten, sich der neutestamentlichen Überlieferung Marias zu nähern. Aber mir scheint, sie eröffnen sowohl Zugänge zu Maria wie zur Kirche. Sie zeigen uns Maria und die Kirche, herausgefordert, »Gottesgebärerin« zu werden, Gott zur Welt zu bringen. Sie zeigen uns die »Mittlerin« und »Fürsprecherin« auch und gerade in den »kleinen Fragen«, in der Sehnsucht, daß Leben nicht nur Wasser, sondern auch Wein sein möge. Sie zeigen auch die kritische Warnung an die Mutter, den »Sohn« nicht aus Augen und Herz zu verlieren, indem sie ihn in der Hand behalten will; sie enthalten die Warnung, sich nicht nur auf Überlieferung und Herkunft und ererbte Ansprüche zu berufen, sondern lieber daran zu leiden, daß Er niemals vereinnahmt werden kann. Sie zeigen uns schließlich Maria und die Kirche als ein Stück Himmel auf Erden und zugleich als Ausdruck der Wehrlosigkeit und Verletzbarkeit der Liebe Gottes in der Wüstenwanderung der Menschheitsgeschichte, auf einem Weg zwischen aufgerissenem Drachenmaul und bergenden Flügeln, zwischen alles verschlingender Flut und alles ertragender Erde.

Dies alles bewahrte Maria und mit ihr die Kirche in ihrem Herzen: die Zuwendung Gottes und die Verteidigung des kleinen Glücks; die Entfremdung vom »Sohn« und den Weg in die Fremde um des Sohnes willen. Wir haben viele Bilder und Modelle der Kirche gefunden, entwickelt und erdacht in unserer zweitausendjährigen Geschichte; viele sind logischer und theologisch ausgefeilter, eindeutiger und wohl auch in der Bibel stärker verwurzelt. Aber ein Bild des Gottesvolkes, das herausfordernder und tröstender, selbstkritischer und liebenswerter ist als das der Maria, so anschaulich und offen zugleich, ein solches Bild, Vorbild und Abbild, gibt es, so scheint mir, kein zweites Mal.

Maria – ein Lebensbild

Das Neue Testament erinnert uns mit und in der Gestalt Marias an das, was Kirche bedeutet. Doch die Marienbilder in den Kirchen und Häusern und in den Seelen auch noch der Menschen, die keine Bibel mehr zur Hand nehmen und keine Kirche mehr betreten, bewahren noch eine umfassendere, grundsätzlichere Erinnerung: Sie erinnern uns daran, was Leben bedeutet; sie sind nicht nur Kirchenbilder, sie sind auch Lebensbilder.

Lebensbilder

Soweit wir zurückschauen können in die Geschichte des menschlichen Denkens und Fühlens, haben Menschen ihre Sehnsüchte und Ängste, ihre Lebensvorstellungen und Erfahrungen festgemacht, ausgedrückt und aufgearbeitet in bestimmten Gestalten und Figuren, Menschenbildern zumeist. Manchmal bilden diese den Ist-Zustand, manchmal den Soll-Zustand des Daseins ab; gelegentlich waren sie die Schöpfung einzelner, namentlich bekannter Maler, Dichter und Denker, häufiger Kinder anonymer Eltern. So oder so aber sind sie Spiegel eines bestimmten Lebensgefühls.
Oft standen die Lebensbilder im Zusammenhang mit den Religionen, andere entstanden in philosophischen oder künstlerischen Schulen. Der schöne

Mensch der klassischen Antike war so ein Lebensbild; freistehend tritt er uns gegenüber, in ihm nimmt die Ahnung vollkommener Harmonie Gestalt an. Der Bamberger Reiter hingegen oder die Naumburger Stiftsfiguren stehen mit dem Rükken zur Wand, nicht in die Enge getrieben freilich, sondern eingebunden in umfassende Zusammenhänge. In sich versunken sitzt Buddha vieltausendmal in ostasiatischen Tempeln und Zimmern, mehr Programm als historische Gestalt.

Auch unser Jahrhundert hat seine Denkfiguren gefunden. Häufig im Rückgriff auf die Bilder und Verdichtungen der Alten haben Denker unserer Tage uns den Spiegel vorgehalten. Der Mensch von heute ist, so wurde geschrieben, Prometheus, der für die Menschen den Göttern das Feuer vom Himmel stahl und es auf die Erde warf, dessen Trotz und Eigensinn auch Ketten und Folter nicht brechen können. Nein, sagen uns andere, Sisyphus sind wir, der Verdammte, wie er auf einem sinnlos-endlosen Weg, immer getrieben vom inneren Zwang, die Last des Lebens wie einen unerträglich schweren Stein bergan rollend – und zugleich wissend, daß dieser, oben angelangt, gleich wieder zu Tal stürzen und den Teufelskreis des Lebenskampfes neu in Gang setzen wird. Oder sind wir nur der »nackte Affe«? Sind wir dazu da, zu werden, was uns Werbung und Unterhaltung vor Augen malen in »Kultfiguren«, Idolen, Trends, Moden und Klischees, mit Bildern aufgedrängter, eingeredeter, verkaufter Wünsche?

Doch diese Zerrbilder sollten uns nicht den Blick

verstellen für die Notwendigkeit und prägende Kraft der Lebensbilder; sie sind die Sakramente des jeweiligen Lebensgefühls, halten Stimmungen fest, nicht nur Ideen. Und natürlich waren sie auch in der Geschichte des christlichen Glaubens immer wirksam als Zusammenfassungen und Verdichtungen dessen, was christliches Leben ausmacht. Des Wüstenvaters Antonius Lebensgeschichte in der Spätantike, die Legenden um Franziskus oder Elisabeth im Hochmittelalter: Die wirkungsvollsten Heiligenerzählungen waren Modelle, die – im verkleinerten Maßstab und den veränderten Realitäten angepaßt – in unzähligen Leben nachgebaut wurden. Bis heute etwa ist Martin, der sein Schwert zieht, um den Mantel zu teilen, ein ebenso einfaches wie eindrückliches Bild für christliches Leben und Handeln.

Aber es waren doch vor allem zwei Bilder, mit denen ganze Generationen katholischer Christen aufwuchsen und lebten, die in jedem Haus, in jeder Stube, an beinah jedem Bett ihren Platz und ihre Wirkung hatten: das Kruzifix und die Madonna. Und beide Bilder, der zu Tode gefolterte Mensch und die Mutter mit dem Kind, sind nicht nur Gestalten aus der Bibel, sondern Ausdruck elementarster Lebenserfahrung.

Leben im Schatten des Kreuzes

Kein Zweifel darf daran bestehen: Kreuz und Marienbild sind weder theologisch noch religionspädagogisch gleichrangige Glaubenszeichen. Das Kreuz Jesu Christi, Zeichen Seines Sterbens, Ort der Erlösung von entfremdender Sünde und vom Gericht zwischen Gott und Seiner Schöpfung, ist *das* Symbol christlichen Glaubens. Keiner, der Christ sein will, kann aus seinem Schatten treten, ohne seine Identität zu verlieren.

Aber es geht hier nicht um im strengen Sinn dogmatische Betrachtungen und Gewichtungen, sondern um Lebensbilder und den darin festgehaltenen Ausblick auf das, worauf es im Leben ankommt. Schauen wir mit dieser Frage auf das Kreuz. Nicht auf die modern-abstrakten Schmuckkreuze, auch nicht auf jene zuerst in der romanischen Kunst gefundene und die Sichtweise etwa des Johannesevangeliums umsetzende Bildtradition, die den am Kreuz siegreichen und erhöhten Christus zeigt; sondern auf die seit der Gotik vorherrschende Darstellung des am Marterpfahl zu Tode gefolterten Menschen- und Gottessohnes. Einen Menschen sehen wir da, unbarmherzig entblößt in seiner ganzen Schwachheit und Erniedrigung, auseinandergerissen, zerfetzt, ein grausamer Spiegel des menschlichen Daseins. Vor Augen geführt wird hier nicht nur, was ein Mensch erleiden muß, sondern zugleich auch, zu welcher Grausamkeit Menschen fähig sind, was sie einander anzutun in der Lage und gewillt sind.

Das sogenannte Pestkreuz in der Kirche
St. Maria im Kapitol in Köln, um 1304

So ist das Kreuz ein Bild des Todes, und mehr als das: ein Bild des unannehmbaren Todes; ein Bild des Todes, der ein Skandal ist, ein Ärgernis, der so nicht sein darf. Das Kreuz zeigt uns nicht jenes Lebensende, mit dem man sich versöhnen kann, das man dankbar und zufrieden zurückschauend auf ein gelingendes Leben und eine gute Zukunft der Nachkommen erhoffend annimmt. Es ist auch nicht jener zwar ungerechte, aber doch würdevolle Tod des Sokrates, der lächelnd angenommen wird mit dem Giftbecher und der noch einmal die Überlegenheit des Angeklagten über die Ankläger beweist. Es ist nicht der resignierend, aber stolz angenommene Freitod des Seneca; nicht einmal das Martyrium, das erhobenen Hauptes angenommen wird und in aller Öffentlichkeit den Sinn und die Wahrheit des Glaubens darstellt. Nein, die Bilder des gekreuzigten Schmerzensmannes zeigen einen ganz und gar »proletarischen« Tod; am Galgen kann man keine Haltung bewahren. Aufgeknüpft werden Unruhestifter und entlaufene Sklaven; erstickend hängen sie im unbarmherzigen Licht der Sonne, ausgepeitscht, von Kopf bis Fuß eine offene Wunde, aufgefressen von Ungeziefer, Vögeln und den Blicken der Gaffer und Spötter. Wer einmal die Fleischerhaken gesehen hat, an denen in Berlin-Plötzensee besonders verhaßte Regimegegner stranguliert wurden, der mag noch etwas ahnen vom Grauen eines solchen Sterbens.

Ein solcher Tod also wurde abgebildet in unzähligen Wohnstuben und Küchen, hing über unzähligen Betten, wurde ausgemalt und erinnert in zahl-

deres Bild denkbar, das uns ähnlich anspricht, tröstend, ermutigend, hoffnungsvoll und schön, wie das der Mutter mit dem Kind. Kein anderes Bild strahlt so viel Wärme und Leben aus, erinnert uns zugleich an die Geborgenheit der Kindheit wie die Zukunft der Menschen. Das Leben geht weiter, beschwört dieses Bild. Dem Tod, dem Untergang, dem Verderben steht das Werden gegenüber, das neue Leben; ja, das werdende Leben ist stärker als der Tod, zertritt der alten Schlange den Kopf. Und so ist das Bild der Mutter mit dem Kind, auf sehr urtümliche und grundsätzliche Weise, durchaus ein Auferstehungsbild, ein Bild, das wir zurückverfolgen können bis zu den frühesten Zeugnissen menschlicher Lebensdeutung.

So ist die Mutter mit dem Kind ein Urbild, längst vorchristlich erfunden als Lebenssymbol; die Verkörperung jener Naturreligionen und jener Grundhaltung, die fraglos und dankbar das Werden und Vergehen und neue Werden des Lebens betrachtete. Wo dies Bild aber »getauft« ist, wo zum Urzeichen das deutende Wort des Evangeliums tritt, da spricht das Bild auch zu dem, der nicht mehr in solch fraglosem Einverständnis lebt. Rückt das Kreuz den Tod, so rückt die Gottesmutter mit dem göttlichen Kind das Leben in ein göttliches Licht, in einen größeren Zusammenhang. Zeigt uns das Kreuz jenes Geheimnis unseres Glaubens, daß Gott unseren Tod annimmt und teilt, so zeigt uns die Mutter mit dem Kind, daß Gott auch unser Leben annimmt und teilt. Und so wird es auch auf den zweiten, christlichen, nicht mehr ungebro-

52

chen-vertrauensvollen Blick, zu einem Auferstehungsbild: Das neue Leben steht auf, wird geboren
aus dem Schoß der alten Erde, freilich nicht aus
deren eigener unerschöpflicher Lebenskraft, sondern in der Kraft des Himmels; das Leben, dem
Gott sich verbindet, ist stärker als der Tod. Heiterkeit, ja Ausgelassenheit gehört deshalb zu den Ma-
rienfesten, in Südeuropa und Lateinamerika noch
viel mehr als im schwerblütigen Deutschland.
Und wohl nicht zuletzt das Fehlen dieser mariani-
schen Heiterkeit gibt dem Protestantismus seinen
– in meinen katholischen Augen – mitunter etwas
schwermütigen Ernst.

Natürlich geht es nicht um ein Aus- oder Aufrech-
nen der Unterschiede der christlichen Traditionen; es geht eigentlich gar nicht um theologische
Fragen im engeren Sinne, sondern um das Lebens-
gefühl, das uns stärker bestimmt als unser Denken. Und mir scheint, ein solches Gefühl hilft am
meisten beim Verstehen und Bestehen der wider-
sprüchlichen Wirklichkeit unseres Daseins, das
die Spannung aushält zwischen den beiden wahren
und wichtigen, den unverzichtbaren Lebensbil-
dern Kreuz und Mutter, Tod und Leben, Scheitern
und Neuanfang, Leid und Wonne. Sehen wir unser Leben nur unter der Herrschaft der Großen
Mutter, dann sind wir in der Gefahr, das ungezählte Leid zu übersehen, die Tränen und Enttäu-
schungen der Menschen zu vergessen und die
Wirklichkeit der Sünde, des gebrochenen Daseins,
zu unterschlagen; wir würden damit in neuem
Heidentum die Berechtigung der Klage über diese

Welt und die Verborgenheit Gottes in ihr leugnen. Sehen wir unser Leben aber allein im Schatten des Kreuzes, dann werden wir jene Leichtigkeit verlieren, die David vor der Lade tanzen läßt, in der Christus übers Wasser geht und in den Himmel auffährt. Zwischen Tod und Leben, Kreuz und Geburt, ist unser Leben ausgestreckt; Ernst, Trauer, Mitleiden gehören dazu, aber eben auch die Gegenstimme der Lebensbejahung, der Freude über das immer neue Wunder, der Glaube an die geschenkte Zukunft. Wirklich katholisch, umfassend, wie wirklich evangelisch, die Spannbreite biblischer Erfahrung einfangend, scheint mir das Lied des Lebens dann zu sein, wenn es so zweistimmig gesungen und aufgenommen wird.

Um es noch einmal in der Sprache der Theologie zu sagen: Natürlich ist Maria nicht von gleicher Bedeutung wie Christus; aber die Inkarnation, die Menschwerdung, das Wunder, daß Gott unser Leben annimmt, ist nicht geringer als die Passion, das Mitleiden Gottes in Seinem Sohn, das Kreuz Christi, in dem Gott unseren Tod annimmt.

Die Pieta

Christus und Maria, Galgen und Geburt – nicht als sich ausschließende Gegensätze, sondern als das Leben in Spannung haltende Gegenpole; nicht

Pieta im Dom zu Würzburg

als Konkurrenten, sondern als Kontrast, der die Wahrheit deutlicher hervortreten läßt. Die Tradition der christlichen Kunst und Frömmigkeit hat diese Dialektik, diese gegensätzlichen Bilder, noch einmal zusammengefaßt in einem Bild, in der Pieta. Die Mutter trägt den Gottessohn auf ihrem Schoß; aber es ist nicht mehr das göttliche Kind, nicht mehr das strahlend anbrechende neue Leben, sondern ein zerstörter, zu Tode gefolterter, ums Leben gebrachter Mensch. Unendliche Traurigkeit liegt über der Szene, Sprachlosigkeit. Mag das Kreuz etwa im Johannesevangelium oder der romanischen Kunst noch der Ort sein, an dem sich den glaubend Sehenden die Herrlichkeit Gottes offenbart, die Pieta hat nichts von solcher Herrlichkeit.

Und doch ist die Trauer nicht trostlos; nicht Herrlichkeit sehen wir, sondern die unzerstörbare Liebe der Mütterlichkeit, die auch den zerstörten Leib und das zerstörte Leben liebt und hält. Das Kreuz, so lernen wir vor dem Vesperbild, mag auf dein Leben fallen, sei es als Konsequenz der Nachfolge, sei es, daß durch eigene Schuld oder ohne dir erkennbaren Grund dein Leben durchkreuzt wird. Aber auch dann wirst du gehalten werden wie von einer Mutter.

Maria – ein Gottesbild

Das Neue Testament zeigt uns Maria vor allem als Bild und Vorbild der Kirche, der Gemeinschaft, die Gott zur Welt bringen soll. Die Tradition hat in ihrem Bild eine Lebenswirklichkeit wiedererkannt und dieses Bild mit aller Liebe, Hoffnung und Schönheit ausgemalt; es wurde dem Kreuz gegenübergestellt und in der Pieta mit der Leidensgeschichte der Schöpfung und des mitleidenden Gottes vereint. Schon dabei wurde deutlich, daß die Erfahrungen und Sehnsüchte, die Maria anzieht und aufrechterhält, nicht einfach »natürlich« sind; sie ist weder die alt- noch die neuheidnische Große Mutter, die den ewig-unpersönlichen Kreislauf von Geburt und Tod verkörpert. Sie steht nicht ein für ein scheinbar natürliches »Weiter so« des Lebens, sondern für ein Vertrauen auf den Sieg des Lebens, das sich gründet im Vertrauen auf die lebenschaffende Macht und Liebe Gottes, die Geschenk ist. Und so ist Maria immer auch ein Widerschein des Göttlichen. Noch deutlicher ausgedrückt: Maria ist tatsächlich, und, so scheint mir, auf den zweiten Blick auch theologisch berechtigt: ein Gottesbild.

Gottesbilder

So wie alle Zeiten ihre prägenden Menschenbilder hatten und haben, so finden wir auch in jeder Zeit und in jedem Menschen Gottesbilder. Wenn uns in den »Zehn Geboten« verboten wird, ein Bild von Gott zu machen, so ist dies sicher eine berechtigte Warnung, unsere Vorstellungen von Gott nicht zu verwechseln mit Seiner immer größeren Wirklichkeit. Doch ganz auf Bilder und Vorstellungen zu verzichten ist uns unmöglich, schon gar, wenn es um Gott geht, um das, was über unseren Horizont hinausgeht. Jede Rede von Gott ist bildhaft; auch noch die abstrakteste philosophische Aussage ist nur Analogie, sagt unter Verwendung menschlicher Begriffe und Erfahrungen etwas von Gott, »als ob« Er in unseren Begriffen und Erfahrungen faßbar wäre. Darum ist es nicht angemessener, sondern nur unanschaulicher, wenn wir Ihn nicht »Vater«, sondern »absolutes Sein« nennen; beides sind menschliche Bilder und Begriffe, wobei das Bild vom Vater den Vorteil hat, sprechender zu sein, tiefer in unseren Seelen verwurzelt und zugleich leichter als Bild einer immer größeren Wahrheit erkennbar zu sein.

So wie wir theologisch nicht ohne Bilder von Gott auskommen können, so können wir auch in unseren Seelen nicht ohne solche Bilder auskommen. Bilder von Gott, von dem, worauf es ankommt, was Leben begründet und ausmacht, hat auch der in sich, der das Wort Gott nie benutzt oder sogar ausdrücklich die Wahrheit christlicher und religiöser Gottesvorstellungen leugnet. Die Bilder sind da, oft tief verborgen und unserem Bewußtsein nicht geläufig; doch sie prägen uns und die Weise, wie wir leben und unsere Mitwelt anschauen. Sie sprechen Stimmungen an und aus, schärfen unser Gewissen, geben uns Haltungen vor und auf. Nicht immer ist der Zusammenhang zwischen jenen tief in uns verborgenen und wirksamen Gottesbildern und denen, die uns Theologen wie Künstler vorgeben, unmittelbar ersichtlich. Aber gelegentlich läßt er sich aufzeigen, und gerade dann, so scheint mir, gilt es Maria anzuschauen als ein Gottesbild.

Ein Experiment

Was ich gerade behauptet habe, möchte ich veranschaulichen mit einem kleinen Experiment, zu dessen Durchführung es weder besonderer theologischer Kenntnisse bedarf noch Kunstverstandes, sondern nur ein ganz klein wenig Einfühlungsvermögen. Mir ist dieses Experiment eingefallen, als ich vor einiger Zeit, selbst noch eher skeptisch, einen Gesprächsnachmittag vorzubereiten hatte für jüngere Theologen, moderne und kritische Zeitgenossen; sie waren aufgewachsen in nachkonziliarer Theologie, standen der überlieferten Marienfrömmigkeit ablehnend bis uninteressiert gegenüber. Wie ich erwartet hatte – denn mir selbst war es nicht viel anders gegangen –, war schnell gesagt, was zu sagen war: daß Christus im Mittelpunkt des Glaubens zu stehen habe und nicht, wie früher vielfach, Maria; daß die biblischen Grundlagen dürftig seien; daß sich viel verschrobene Sexualfeindschaft angesammelt habe um die Gestalt der Gottesmutter; und daß viele alte heidnische Traditionen auf diesem Weg eingeflossen seien ins Christentum. Aber warum man denn über Generationen an Maria festgehalten hatte mit Liebe, Leidenschaft, Hoffnung, wodurch sie ungezählte Menschen bezaubert und getröstet hatte, das wußte keiner zu sagen, konnte niemand nachvollziehen. Daraufhin hängte ich zwei Bilder an die Wand, die ich zuvor aus Kunstbänden herauskopiert hatte, zwei Darstellungen, die weniger einmalige Kunstwerke sind als Varianten eines immer wieder dargestellten Themas. Und ich bat meine Gesprächspartner, einmal ihr theologisches Wissen zu vergessen und sich nur die Frage zu stellen, in welchem Bild sie lieber wären.

Das Jüngste Gericht

Das erste Bild zeigte eine Gerichtsszene, das Jüngste Gericht in der Darstellung, die wir in Bamberg im Tympanon über dem Fürstenportal an der Nordseite des Doms finden. Es ist ein recht bekanntes Bild, freilich nicht besonders originell, sondern in einer ganzen Bildtradition stehend; es gehört zur Tradition einer bestimmten Bauhütte, vermutlich, so geben die Handbücher an, zu der aus Reims.

Wir sehen in dieser Gerichtsszene im wesentlichen genau das, was wir erwarten in Kenntnis des berühmten Gerichtsgleichnisses aus dem 25. Kapitel des Matthäusevangeliums. In der Mitte thront Christus als Richter, die Hände erhoben, königlich und segnend; dabei zeigt er aber zugleich die Wundmale. Wir können sogar die Seitenwunde sehen, da das Gewand einen Teil des Oberkörpers unbedeckt läßt. Es ist also eindeutig der gekreuzigte und auferstandene Heiland, der auf dem Richterstuhl Platz genommen hat. Zu seinen Füßen knien eine Frau und ein Mann, wohl Maria und der Lieblingsjünger, die uns das Johannesevangelium in der Todesstunde Jesu vereint zeigt durch Jesu letzten Auftrag. Hier erheben sie bittend die Hände über den aus den Gräbern auferstehenden Menschenkindern. Auf der rechten Seite des Tympanons, also zur Linken des Richters, auf der Seite der »Böcke«, zerrt eine Teufelsgestalt die mit schwerer Kette umschlungenen Verdammten weg aus der Nähe Christi. Abgedrängt werden sie, so scheint es, auch noch durch zwei Engel; der eine scheint zu klagen, der andere abzuwägen, ursprünglich hielt er wohl eine später verlorene Waage in der Hand. Deutlich erkennbar ist unter den Verdammten sowohl ein König wie ein Bischof; die Mächtigen dieser Welt stehen nicht fraglos im Licht Gottes, und kein geistliches Amt garantiert die ewige Seligkeit. Eine weitere Gestalt hält einen Geldbeutel, eine andere scheint weiblichen Geschlechts zu sein – bis ins letzte zu deuten ist die Figurengruppe wohl nicht, aber eindeutig ist: Hier gehen die Verdammten zur Hölle. Rechts vom Richter wird uns die Seite der »Lämmer«, der Gerechten gezeigt. Ein großer Engel bringt die Zei-

*Tympanon über dem
Fürstenportal an der Nordseite
des Doms zu Bamberg*

chen des Sieges zum Thron: Kreuz und Marter-
werkzeuge. Eine andere große Lichtgestalt führt
den König an der Hand zu Christus. Darunter, er-
heblich kleiner, drei Gerettete mit eigenartigen
Gesichtern: sie lachen. Aber – ob künstlerisches
Unvermögen oder Absicht, ist nicht mehr festzu-
stellen –: sie lachen weniger im stillen Glück, ihr

Lachen hat etwas ausgesprochen Schadenfrohes,
wirkt beinah hämisch. Doch gehen wir nicht zu
sehr in Einzelheiten, die Botschaft ist klar: Sieh zu,
daß du im Gericht bestehen und auf die rechte
Seite berufen werden kannst.

Das Bild greift zweifellos ein biblisches Motiv auf;
ja, das Gericht gehört ins Glaubensbekenntnis,

und es hat guten Sinn, von der Verantwortung der Menschen und insbesondere derer, die sich Christen nennen, zu reden. Und doch wünschte sich nicht einer der Theologen auf dieses Bild.

Die Schutzmantelmadonna

Auch das Gegenbild stammt aus dem Mittelalter, wurde immer wieder dargestellt, vor allem in der aufgewühlten und bedrohlichen Zeit des Spätmittelalters. Es kann sich freilich nicht auf eine unmittelbare biblische Vorlage berufen. Das Bild zeigt die sogenannte Schutzmantelmadonna, die, wie der Name sagt, ihren Mantel bergend ausbreitet über die, die unter ihren Schutz geflohen sind. Die Statue, deren Abbildung ich eher zufällig ausgewählt hatte, wurde um 1480 in Ravensburg hergestellt von dem mir sonst nicht weiter bekannten Bildhauer Friedrich Schramm. Ein großes Kunstwerk ist es wohl nicht und auch nicht originell, ein »typisches« Bild eben.

Ich habe nichts weiter zu diesem Bild gesagt; den meisten Gesprächsteilnehmern war wohl nicht bekannt, welche Rechtsbedeutung die dargestellte Geste im Mittelalter hatte: Es handelte sich dabei zum einen um eine Form der Adoption; der Mann erkannte die öffentlich unter seinen Mantel ge-

Schutzmantelmadonna in der Stadtpfarrkirche zu Ravensburg, um 1480

nommenen Kinder als eigene an. Es war aber auch eine Art »Asylrecht«, das die ritterliche Gesellschaft hochgestellten Damen zugestand – unter dem Mantel der »hohen Frau« war der Verfolgte geschützt.

Aber auch wer nicht um diesen geschichtlichen Hintergrund weiß, wird dieses Bild verstehen, es ist ein unmittelbar zugänglicher Ausdruck von Geborgenheit einerseits und Güte andererseits. Auf unserem Bild sind die Menschen wesentlich kleiner als die Madonna, deren Mantel sie beschützt und beschirmt wie einst das »Weltbild« der biblischen Schöpfungsgeschichte im ersten Kapitel des Buches Genesis: Dort sind die Menschen, auf ihrer Erdscheibe treibend inmitten der anflutenden Chaosmächte, behütet und beschirmt durch das Firmament, das Gott wie einen schützenden Mantel um seine Schöpfung legt.

Meine Gesprächsteilnehmer jedenfalls, von denen wohl keiner mehr singt: »Maria, breit den Mantel aus«, wünschten sich allesamt lieber unter den Mantel dieser Mutter als ins Gericht, selbst wenn eindeutig Christus der Richter ist.

Der Herrgott und die Mutter der Barmherzigkeit

Aber ist eine solche Wahl, obwohl verständlich, nicht doch das Ergebnis einer verzerrten »Gotteskunde«? Das ist sicher nicht einfach von der Hand zu weisen. Auch wenn die Bibel die Rede vom Gericht kennt, auch wenn die Weltgerichtsschilderung sich unmittelbar auf ein Gleichnis berufen kann, das uns im Munde Jesu überliefert wird, so ist die Gerichtsrede doch nicht das erste und entscheidende Wort des Evangeliums – was wäre daran auch sonst »Frohbotschaft«. Das Gericht steht ein für den Herrschaftswechsel, der sich mit dem Anbruch des Reiches in uns und um uns vollzieht – die »Herren dieser Welt« verlieren die Macht über uns, über unsere Seelen, unsere Sehnsüchte und Hoffnungen zuerst, dann auch über unser Verhalten. Gericht bedeutet nicht Hinrichtung, sondern Aufrichten derer, die am Boden liegen. Und die Gerechtigkeit, die ihren Lauf nimmt im Namen Gottes und mit Christi Gesicht hat nichts zu tun mit endgültiger Abrechnung, sondern ist das endgültige Gerechtwerden; sie geschieht da, wo Gott uns und wir einander gerecht werden – aus Gnade, in Zuwendung, nicht durch das Gesetz von Geben und Nehmen, Lohn und Strafe. Wo Jesus den Sündern begegnet, der Ehebrecherin, den Landesverrätern, den lauen Juden, da ist er nicht der »strenge Richter aller Sünden« – so wirkt er nur in der Begegnung mit denen, die selber richten im Namen Gottes. Und der barmherzige Vater, als den Jesus Gott vorstellt und vorlebt, schert sich nicht um Recht und Moral, sprengt die vorgegebenen Vaterrollen und liebt so rückhalt- und bedingungslos, wie es damals wohl nur einer Mutter gestattet wurde.

Doch im Laufe der Jahrhunderte erwies sich, daß die gesellschaftlich herrschenden Vaterbilder stärker waren als das Bild des göttlichen Vaters, das Jesus uns gegeben hat. Nicht die Väter und Herren änderten sich, sondern mehr und mehr schrieben auch die Christen Gott, dem Vater, die Züge zu, die sie an den Gesichtern der Patriarchen, der Väter und Herren ihrer Zeit ablasen. Gott, Christus, wurde zum Herrgott; war das Bekenntnis zum Herrn (Kyrios) Christus ursprünglich eine Absage an die Herrschaft der Menschen übereinander, so wurde der göttliche Herr und König nun zum Garant, zur ewig-himmlischen Bestätigung des Oben und Unten auf Erden. Gott wurde als Herrgott auf den Richterstuhl gehoben, um die Herrschaft und die Gesetze der großen Herren im Kosmos und in den Seelen der kleinen Leute zu verankern. Nicht daß diese alle Tyrannen gewesen wären, Gewaltmenschen, rücksichtslose Machthaber; aber Gott, der nun einer der ihren geworden war, rückte den Menschen fern. Der Christuskönig war nicht mehr unter den Armen, er gehörte zu denen »da oben«.

Als ich zum ersten Mal einen Gesprächskreis mit älteren Menschen leitete, kamen wir auch auf die alten Formen der Marienverehrung zu sprechen. Voll aufklärerischer Begeisterung versuchte ich, ein junger Theologe, den alten Frauen nachzuweisen, daß Christus der einzige und einzig nötige Weg zum Vater sei und daß ihre Redewendung »durch Maria zu Christus« theologisch nicht unbedenklich sei. Da schaute mich eine von diesen alten Frauen nachdenklich an und sagte: »Aber Maria ist eine von uns.« Und dies, so denke ich, mag die Wurzel und Kraft jener Marienfrömmig-

keit gewesen sein, die vor allem im Mittelalter auf-
blühte als Halt und Hoffnung der kleinen Leute.
Als die Herren der Welt Gott zu einem der Ihren
gemacht hatten, fanden die Kleinen Ihn wieder in
der Gestalt Mariens. Er kehrte zurück an ihre Seite
und in ihre Seele im Bild der Muttergottes. Und
sie war kein Idol, keine Göttin, sondern ein wirkli-
ches Sakrament Seiner Güte und Nähe. Er schaut
uns an nicht allein aus den hoheitsvollen Chri-
stusgesichtern, sondern mit dem liebevollen Lä-
cheln der Mutter. Er breitet den Mantel über uns
aus, unter den die Menschen zu Maria flohen.
Und dem Gott der Bibel war es noch immer wich-
tiger, daß Menschen um Seine Nähe wußten, als
daß sie theologisch korrekte Begriffe verwandten
für eine unnahbar ferne Macht.
Und so erzählten sich die Menschen in den Marienlegenden ihre Sehnsucht nach der Nähe des
Himmels von der Seele. Und es war, so scheint
mir, nicht nur Sehnsucht, sondern eine Ahnung
und eine zwar sehr volkstümliche, aber doch wis-
sende Weitererzählung des Evangeliums. Da gehört Maria auf die Seite derer, die sich außerhalb
der Ordnung befinden, sie schneidet heimlich die
Gehenkten vom Galgen und vertritt die Nonne
beim Stundengebet, die sich während der Vesper
mit ihrem Liebhaber trifft. Und immer wieder
taucht sie auf bei den Kindern, die verlassen,
hungrig und arm sind. Wie bizarr die mittelalterli-
chen Marienlegenden auch sein mögen, hier wird
erzählt, daß Liebe mehr und größer ist als Moral –
und unser Gott ist Liebe und nicht Gesetz.

Was die Legenden mit manchmal schrillen Tönen erzählen, das sagt auch noch das bekannteste Mariengebet, das »Gegrüßet seist du, Maria«: In diesem Gebet, das vermutlich öfter gesprochen wird als jedes andere christliche Gebet und mehr Menschen in ihrem Leben wie in ihrem Sterben begleitete, fehlt jeder moralische Appell, jeder Verbesserungsvorschlag, jede noch so vorsichtige Drohung. Hier spricht sich nur Liebe aus und Dankbarkeit und Wissen um endgültige Geborgenheit auch der sündigen Menschen, selbst, ja gerade in der Stunde unseres Todes.

So war Maria ein gültiges und kostbares Gottesbild, ein Sakrament Seiner Liebe und Güte. Ist diese Aufgabe heute erledigt? Haben wir in nachkonziliarer Zeit ein Bild von Gott und eine Nähe zu Christus gewonnen, die uns auf den Trost Marias verzichten läßt? Ist jetzt die Zeit gekommen, in der sie – wie einst der Täufer Johannes – abnehmen muß, damit Christus wachsen kann?

Wie eine Mutter ihren Sohn tröstet,
so tröste ich euch (Jes 66, 13)

Auch wenn wir tatsächlich stärker als in den letzten Jahrhunderten wieder die in Jesus menschgewordene Zuwendung Gottes entdeckt haben sollten (wovon ich noch nicht ganz überzeugt bin im Blick auf den durchschnittlichen Gottesglauben außerhalb und in der Kirche), so gibt es gute Gründe, Maria vor Augen und im Herzen zu behalten als Gotteszeichen, als eine Verkörperung Seiner behutsamen Treue und lebenschaffenden Liebe. Lernen wir doch zur Zeit gerade von den Frauen, die nachdenken über die Gotteskunde unseres Glaubens, daß die biblische Gottesoffenbarung uns auch auf die weiblichen, mütterlichen Züge verweist, die in unserer vom Denken und Fühlen der Männer geprägten Geschichte übersehen, vergessen, verdrängt wurden.

Daß der Mensch berufen ist zum Bild Gottes, das hat die Kirche immer im Bewußtsein behalten; doch daß nicht nur die männliche Hälfte der Menschheit Gott andeutet und zu Seinem Bild geschaffen ist, sondern daß wir Sein Wesen erst erspüren in der Polarität der Geschlechter, daß Er sowenig und soviel Frau ist wie Mann, das wurde kaum bedacht. Gewiß, Jesus war ein Mann. Doch dürfen wir das im Sinne einer besonderen Gottesnähe der Männer interpretieren und einer besonderen Vorliebe Gottes für das männliche Geschlecht? Müssen wir Männer nicht zugeben, daß die Menschwerdung unseres Gottes sich einfügen mußte in bestimmte gesellschaftliche Bedingungen, die es einer Frau niemals ermöglicht hätten, in solcher Freiheit und Radikalität, aber auch in solcher Rolle als Prophet zu leben, wie Jesus es getan hat. So sollten wir Abstand gewinnen zum Geschlecht Jesu und hier weniger den Mann als das neue Menschsein sehen, denn Gott nahm nicht die männliche, sondern die menschliche Natur an. Gott leuchtet auf, läßt sich erahnen, in der Zuwendung, Hingabe und Treue der Menschen, in dem, was wir, Männer und Frauen, gemeinsam, aber auch auf unsere je eigene Weise beitragen können zum Anbrechen des Reiches. Ich – ein Mann – finde es überzogen, wenn nun jede Tradition, die Gott zunächst im Bild des Mannes vorstellte, übersetzt wird ins Weibliche. Können wir nicht die Spannung und Ergänzung der Geschlechter auch in unserem Denken über Gott und in unserem Glauben aushalten und fruchtbar machen? Da gibt es zweifellos hochtheologische Aussagen über unseren Gott, die sich viel eher abbilden lassen in der Gestalt der Frau, der Mutter, als in der eines Mannes. »Wie eine Mutter ihren Sohn tröstet, so tröste ich euch«, heißt es im Buch des Propheten Jesaja. Selbst wenn eines Tages die Emanzipation des Mannes aus den Rollen der Vorzeit gelungen sein sollte, wird nicht das Bild der Mutter andere Empfindungen und Erinnerungen in uns wachrufen als das des liebevollen und zärtlichen Vaters? Gott, unsere Mutter – was wir in frühester Kindheit, unbewußt noch, erfahren haben an der Brust der Mutter und auf ihren Armen, jene unbedingte Geborgenheit, jenes ungebrochene Vertrauen, dürfen wir uns bewahren, wenn wir es sehen als Gabe Gottes, die nur Er uns geben kann, die Er – oder sie – uns aber wirklich zu geben vermag. Was in meinem Denken christlich ist, das haben vor allem gute Lehrer begründet; wenn aber mein Gefühl »gläubig« ist, dann hat dies seinen Anfang in der Liebe meiner Mutter.

Es bleiben hier gewiß noch Fragen, auch mir selbst. Wir stehen, so hoffe ich, erst am Anfang eines Neuanfangs in der Geschichte unseres Glaubens, am Beginn der Glaubensverantwortung im Dialog der Geschlechter. Solange wir Maria vor Augen haben und dabei zugleich etwas vom Licht Gottes sehen, solange werden wir nicht ganz vergessen, daß Er, unser Vater, auch unsere Mutter ist und auch aufscheint in den Frauen und in jenen Haltungen und Talenten, die wir eher ihnen zuordnen. Maria, so sagt es der amerikanische Jesuit Andrew Greeley, ist die weibliche Dimension Gottes. Wenn wir uns diese Sichtweise Gottes nehmen lassen, wird unser Glaube ärmer, liebloser, farbloser, kraftloser, hoffnungsloser.

»Ich sehe dich in tausend Bildern«

Nicht tausend Bilder, sondern nur drei Betrachtungen Marias waren der »Stoff« dieser kleinen »Marienkunde«. Sie betrachtend, lernte ich etwas von Wesen, Bestimmung und Wirklichkeit der Kirche; etwas von der Spannung, in der unser Leben steht; etwas von der Güte und Menschenfreundlichkeit, von der »weiblichen« Dimension Gottes. Maria wurde mir zum Kirchenbild, zum Lebensbild, zum Gottesbild.

Zum Kirchenbild, denn nur wenn sie wie Maria sich beschenkt weiß, auf Herrschaft verzichtet, aber offen ist für den An-Spruch Gottes, wird Kirche Ihn immer neu zur Welt bringen; wenn sie auf seiten der Kleinen steht, auch die kleinen Wünsche verteidigt, wird sie Wasser in Wein und schales Dasein in bejahtes Leben verwandeln helfen; nur wenn sie darauf verzichtet, Christus zu vereinnahmen, wird sie seine Familie sein; nur wenn sie den Weg der Erde geht, kann sie ein Stück des Himmels sein.

Zum Lebensbild wurde Maria mir, als ich die Spannung erfuhr und erkannte, in der alles Leben ist: der am Kreuz Gehängte ist die eine, die Mutter mit dem Kind die andere Wahrheit – und der Trost des Glaubens, der darin liegt, heißt: Gott nimmt dein Sterben an, aber er nimmt auch dein Leben an.

Zum Gottesbild wurde Maria mir, je mehr ich die

weiblich-mütterliche Wirklichkeit Gottes entdeckte, die fast vergessen war nach Jahrhunderten
männlichen Denkens und theologischer Abstrak-
tion. Doch als die Herren der Welt Gott in den
Augen der Menschen zu einem der ihren gemacht
hatten, kehrte Er zurück an die Seite und in die
Seelen der Kleinen in der Gestalt Marias. Darum:

Sei gegrüßt, Maria,
unendlich geliebt und liebevoll.
Gott ist mit dir.
In dir sind gesegnet alle Frauen,
und ein Segen für alle
ist die Frucht deines Lebens,
Jesus.
Heilige Maria,
Mutter Gottes,
sei uns in Angst und Schuld
ein Abbild Seiner Freundlichkeit
und Nähe
jetzt
und in der Stunde unseres Todes.
Amen.